Terço de Aparecida
Na história de Nossa Senhora

Pe. FERDINANDO MANCILIO, C.Ss.R.

Terço de Aparecida
Na história de Nossa Senhora

EDITORA
SANTUÁRIO

DIREÇÃO EDITORIAL: Pe. Marcelo C. Araújo, C.Ss.R.
COORDENAÇÃO EDITORIAL: Ana Lúcia de Castro Leite
COPIDESQUE: Leila C. Dinis Fernandes
REVISÃO: Ana Lúcia de Castro Leite
DIAGRAMAÇÃO: Bruno Olivoto
CAPA: Daniel Ribeiro
ILUSTRAÇÕES: Marco Aurélio Funchal

Dados Internacionais de Catalogação na Publicação (CIP)
(Câmara Brasileira do Livro, SP, Brasil)

Mancilio, Ferdinando
  Terço de Aparecida: na história de Nossa Senhora / Ferdinando Mancilio. – 1. ed. – Aparecida, SP: Editora Santuário, 2014.

  ISBN 978-85-369-0355-2

  1. Nossa Senhora Aparecida 2. Nossa Senhora Aparecida – História 3. Oração – Cristianismo 4. Terço (Cristianismo) 5. Terços (Religião) I. Título.

14-09903   CDD-232.91

Índices para catálogo sistemático:

1. Nossa Senhora Aparecida: Terço: História:
Religião 232.91

9ª impressão

Todos os direitos reservados à **EDITORA SANTUÁRIO** – 2022

Rua Pe. Claro Monteiro, 342 – 12570-000 – Aparecida-SP
Tel.: 12 3104-2000 – Televendas: 0800 - 016 00 04
www.editorasantuario.com.br
vendas@editorasantuario.com.br

Caminhando com Maria na história de seu amor materno

Há uma história que se iniciou de modo simples e singelo. Começou com três pobres pescadores: João Alves, Filipe Pedroso e Domingos Garcia. A História da Salvação é feita de pessoas simples e humildes. Foi assim que Deus foi escolhendo seus interlocutores, para que seu amor infinito e misericordioso fosse concretizando-se no meio de nós.

Chegado o momento certo, Ele, em seu desígnio benevolente, chamou Maria, para ser a Mãe bendita e escolhida do Redentor. Ela, humildemente, acolheu o que era de Deus: "Eis aqui a serva do Senhor; faça-se em mim conforme sua vontade!". Os simples sabem acolher a hora de Deus e colaborar com Ele, pois Deus quer contar conosco para a realização de seu Reino. Maria é modelo de Evangelho a ser seguido.

No ano de 1717, provavelmente na segunda quinzena do mês de outubro, os simples pescadores retiram das águas do rio Paraíba a bela e tosca imagem da Imaculada Conceição, que, com o passar dos dias, foi consagrada pelo povo fiel de Nossa Senhora Aparecida, pois todos queriam ver a imagem da "santinha aparecida".

Ao rezarmos o "Terço de Aparecida, na história de Nossa Senhora", olhamos, contemplamos e meditamos alguns fatos importantes e decorrentes dessa história de fé e amor. Ela é a consagrada do Senhor e é amada por nós. Rezar o Terço é mergulhar nos principais mistérios de nossa salvação. Os fatos que se sucedem na meditação do Terço são aprovados pela Igreja e reconhecidos como verdadeiros. Não são lendas ou coisa parecida, são sinais que se sucederam após a pesca da imagem. Portanto, são objetos de fé.

Ao vivermos os trezentos anos dessa história inesquecível da pesca da Imagem de Nossa Senhora Aparecida, oferecemos a você um jeito de rezar e meditar os mistérios da Redenção de Cristo, junto com a história de Nossa Senhora, a quem tanto amamos.

Amar Nossa Senhora é amar o próprio Cristo. Quem ama o Cristo, ama Nossa Senhora. Quem ama Nossa Senhora, ama o Cristo. Não existe filho sem mãe. Não existe mãe sem filho.

Que a Mãe abençoe você, sua família e sua Comunidade.

Mãe Aparecida, rogai por nós, pelas crianças e jovens, pelos adultos, famílias, doentes e pelos pobres necessitados que recorrem a vós! Amém!

Como rezar o terço

– Inicia-se com o Sinal da Cruz.
– Reza-se a Profissão de Fé, a Oração do Credo e a Oração inicial.
– Contempla-se o Mistério correspondente.
– Reza-se o Pai-nosso, seguido de dez Ave-Marias.
– Terminadas as Ave-Marias, reza-se o Glória ao Pai.
(Contempla-se o próximo Mistério e se continua do mesmo modo.)
– Em cada mistério há invocações marianas que poderão ser rezadas após o Glória ao Pai.
– Termina-se com a oração da Salve-Rainha e a Oração final.
(A Consagração poderá ser feita antes da Salve-Rainha.)

Profissão de Fé – Credo

Creio em Deus Pai todo-poderoso, criador do céu e da terra./ **E em Jesus Cristo, seu único Filho, nosso Senhor,/** que foi concebido pelo poder do Espírito Santo; nasceu da Virgem Maria;/ **padeceu sob Pôncio Pilatos, foi crucificado, morto e sepultado./** Desceu à mansão dos mortos, ressuscitou ao terceiro dia,/ **subiu aos céus; está sentado à direita de Deus Pai todo-poderoso,/** donde há de vir a julgar os vivos e os mortos./ **Creio no Espírito Santo;/** na Santa Igreja Católica; na comunhão dos santos;/ **na remissão dos pecados;/** na ressurreição da carne;/ **na vida eterna. Amém.**

Oração inicial

Ó Pai, dirijo-me a vós neste momento com toda a minha fé. Quero que o meu coração esteja aberto à vossa presença amorosa.

Disponho-me a rezar este Terço, meditando os mistérios principais de minha redenção e da redenção da humanidade, trazida a nós por meio de vosso Filho, Jesus Cristo.

Quero assim mergulhar no vosso infinito amor, tão presente no meio de nós. Vosso Filho Jesus é o vosso amor entrando na minha vida e existência.

Quero também que o vosso Espírito Santo me conduza e me inspire.

Maria Santíssima, Senhora da Conceição Aparecida, ajudai-me a obter as graças necessárias para a minha salvação! Amém!

Oração final

Pai, fiquei muito feliz em poder falar convosco, meditando os mistérios da nossa redenção.

Agradeço-vos todos os bens que de vós recebi. São muitos. Vossa bondade é infinita. Vosso amor me toma e me envolve, sem que eu mesmo perceba. É como o raio do sol: aquece-nos sem nada esperar em troca.

Obrigado também por terdes escolhido Maria, Filha predileta do vosso plano de amor.

Abençoai a mim e à minha família e guardai-nos todos no vosso amor! Amém!

Salve-Rainha

Salve, Rainha, Mãe de misericórdia, vida, doçura, esperança nossa, salve.

A vós bradamos, os degredados filhos de Eva, a vós suspiramos, gemendo e chorando neste vale de lágrimas.

Eia, pois, advogada nossa, esses vossos olhos misericordiosos a nós volvei, e depois deste desterro mostrai-nos Jesus, bendito fruto do vosso ventre. Ó clemente, ó piedosa, ó doce Virgem Maria.

— Rogai por nós, Santa Mãe de Deus.
— Para que sejamos dignos das promessas de Cristo! Amém!

Átrio dos Apóstolos

Quando se chega ao Santuário, bem lá do lado sul, já se vê naquela arcada os Doze primeiros discípulos que Jesus chamou. No lugar de Judas, o traidor, está São Paulo, que foi verdadeiro como os primeiros chamados.

Nossa fé está fundada no Cristo que enviou os Doze discípulos ao mundo a anunciar: "Convertei-vos e crede no Evangelho". Eles formaram as primeiras Comunidades que abraçaram, sem medo, mesmo perseguidas, o Evangelho de Jesus.

Maria acompanhava e estava presente, os apóstolos a amavam e certamente a consultavam sobre o que deviam mais fazer.

Os Apóstolos que lá estão nos fazem recordar os primórdios de nossa fé. E chegando ao Santuário logo posso compreender: Minha fé tem fundamento, tem firmeza e é rocha firme, como a pedra de granito que cobre o chão.

E a imagem Aparecida, feita de terracota, de barro cozido, vem me lembrar que a vida é passageira e que ela se faz companheira, e que só o Cristo dura eternamente. E para estar com Ele e beber de sua eternidade, eu preciso amar, ser simples e humilde, e trazer para dentro da vida o que me diz meu Senhor.

Bendito seja o Santuário, que me traz na memória tão bela recordação da História da Salvação!

Mistérios da Alegria

Maria: Olhar humilde!
Mulher simples, escrava do Senhor!

1º MISTÉRIO – Anunciação do Anjo a Maria!

– O Anjo Gabriel anuncia a Maria: Ela será a Mãe de Jesus! "O anjo Gabriel anuncia a Maria que ela é a escolhida do Pai para ser a Mãe de Jesus" (Lc 1,26-28).

E NA REDE APARECEU: *Era o ano de 1717 e os pescadores – João Alves, Filipe Pedroso e Domingos Garcia –, a pedido das autoridades, saíram para pescar. Deviam trazer peixes para o governador, o Conde de Assumar. Tentaram a noite toda sem nada conseguir. Chegando ao Porto de Itaguaçu, ao lançar a rede, João Alves puxou-a e nela veio o corpo de uma imagem quebrada. Continuou o seu trabalho cheio de esperança e, depois, logo abaixo, veio a cabeça da imagem. Foi um aviso do céu. Daquela hora em diante pescaram muitos peixes. Foi o começo da maravilhosa história de Nossa Senhora Aparecida.*

Era o ano de 1717. D. Pedro de Almeida e Portugal, a caminho de Minas Gerais, por aqui iria passar no povoado de Guaratinguetá. E para a festa acontecer, lá vão os pescadores João Alves, Domingos Garcia e Filipe Pedroso buscar os peixes no rio, para a festa do Conde de Assumar.
E as redes foram lançadas nas águas do rio Paraíba, sem nada pescar!

O peixe não vinha, e já era tarde, mesmo sob a luz do dia. Só não se esvaía a coragem da esperança, que não deixa desanimar: Ah, esses peixes, eles vão chegar! E lá estão intermitentes a lançar e a puxar as redes do rio. Deus tem seus caminhos e o tempo de Deus não é o nosso. Somos apressados demais e queremos logo ver tudo acontecer. É preciso estar preparado para as surpresas de Deus.

E no silêncio do rio e nas malhas da rede a imagem aparecia!

Pobres de Deus são os pobres pescadores, nem imaginavam que a partir daquela hora uma nova história acontecia. Eram eles instrumentos de uma grande alegria: o Senhor nos ofereceu o que era seu, sua escolhida, a Virgem Maria.

Deus não conta com os poderosos porque são cheios de orgulho! Deus conta com os pobres que têm um coração maduro, que se abrem para acolher o que vem do céu!

Tosca, simples e humilde: É a imagem da Virgem Imaculada, rezava o pescador. Com a cabeça separada do corpo, assim quisera vir a Senhora Aparecida para ficar entre nós. Foi aviso do céu, a abundância de peixe que na rede surgia.

Bendito seja Deus que outra vez manifestou, pelos simples e humildes, seu infinito amor!

(Rezam-se o Pai-nosso, as dez Ave-Marias, o Glória e as invocações que se seguem.)

– Virgem Mãe de Deus. – **Rogai por nós!**
– Virgem Mãe de Jesus. – **Rogai por nós!**

– Virgem do Povo de Deus. – **Rogai por nós!**
– Virgem de misericórdia. – **Rogai por nós!**
– Virgem dos pecadores. – **Rogai por nós!**
– Virgem de todas as mães. – **Rogai por nós!**

Consolai-nos, ó Mãe querida, Senhora Aparecida, com vossa ternura e vossa bondade! Amém!

Maria: Olhar que ilumina! Luz do céu!

2º MISTÉRIO – Visita de Maria a Isabel!

– Maria visita sua prima Isabel, que está grávida de João Batista! "Maria vai apressadamente para uma cidade de Judá, à casa de Isabel, sua prima" (Lc 1,42-43).

AS VELAS SE ACENDERAM: *No arraial dos pescadores havia a devoção das rezas ao entardecer. Depois daquele dia em que aconteceu a primeira procissão: Da beira do rio até a choupana do pescador, o povo se reunia, para louvar a Deus junto com a Virgem Maria. Imagine quanta alegria ao sentir que a prece, que dos lábios saía, alcançava o coração de Deus. Estando a noite serena, repentinamente se apagaram as duas luzes de cera que alumiavam a imagem da Senhora Aparecida. Houve espanto entre os devotos, pois nem um pouco de vento havia. E querendo D. Silvana da Rocha – mãe do pescador João Alves – acender as luzes apagadas, as velas se acenderam sem que ela as tocasse. Para muito além das velas se acendeu, no coração daquele povo simples e fiel, a luz da fé!*

Era noite, era prece, e no arraial dos pescadores tudo era calmaria. A noite serena, as famílias reunidas em oração diante da imagem da Virgem Maria. Ali tudo era alegria, pois o povo se unia numa só prece de amor e de louvor.

Como é grande a alegria de quem vive em harmonia, com o Senhor e com os irmãos!

Eis que, de repente, as velas que alumiavam a imagem Aparecida se apagaram! Levanta-se a Silvana, mãe de João Alves, e cheia de ternura vai de novo acendê-las. Mas antes mesmo que se aproximasse delas, de novo se acenderam sem que ninguém as tocasse.

E no silêncio contemplaram: Como Deus é bom! Ele não quer as trevas não!

E aí se acendeu mais forte ainda a luz do coração, que não deixa jamais morrer quem confia no Senhor. O povo simples compreende que é Deus quem nos guia, com a luz da salvação.

O orgulhoso não entende e quer explicar só pelo uso da razão! São os simples que derrubam os poderosos e orgulhosos de seus tronos vãos.

Era noite, era prece, e no arraial dos pescadores tudo era calmaria. A noite serena, as famílias reunidas em oração diante da imagem da Virgem Maria. Ali tudo era alegria, pois o povo se unia numa só prece de amor e de louvor.

(Rezam-se o Pai-nosso, as dez Ave-Marias, o Glória e as invocações que se seguem.)

– Mãe do Redentor. – **Rogai por nós!**
– Mãe do Divino Amor. – **Rogai por nós!**
– Mãe do mais Belo Amor. – **Rogai por nós!**
– Mãe dos peregrinos. – **Rogai por nós!**
– Mãe cheia de ternura. – **Rogai por nós!**
– Mãe da esperança e da paz. – **Rogai por nós!**

Confortai os que vos buscam, ó Senhora Aparecida, Mãe bendita do Salvador, pois sabem que encontram em vós o apoio de que precisam e a força de que necessitam! Amém!

Maria: Olhar que liberta! Mulher libertadora!

3ª MISTÉRIO – Nascimento de Jesus!

– Jesus, o Filho de Deus, nasce de Maria, em Belém! "Enquanto Maria e José estavam em Belém, completaram-se os dias para o nascimento. E ela deu à luz o seu Filho Primogênito e o envolveu em faixas" (Lc 2,6-7).

O ESCRAVO ZACARIAS: *O escravo Zacarias estava sendo reconduzido à fazenda de onde fugira, em Curitiba-PR. Preso por grossas correntes, ao passar perto do Santuário, Zacarias pediu ao seu feitor que o deixasse rezar na porta da Capela da Santa Aparecida. Recebendo autorização, o escravo se ajoelhou e rezou uma prece sentida. O que teria pedido? De seus pedidos não sabemos. Mas sabemos a resposta que a Virgem Negra lhe deu: as correntes milagrosamente se soltaram, deixando-o livre e feliz.*

Era tempo da escravidão e só havia desrespeito ao irmão negro. Lá vem o Zacarias, preso pelas correntes, como se fosse um animal. Seu feitor de nada se compadecia e, com muito custo, deixou que ele fizesse uma prece à Virgem de Aparecida. E, ajoelhado na porta da capela da Senhora Aparecida, certamente dizia:
Libertai-me, ó Mãe, desta triste agonia!
E qual não foi o assombro do feitor que, ali, a tudo assistia: As correntes se abriram libertando Zacarias. E a Virgem de cor morena cumpriu sua profecia: De seu trono portentoso, um dia o poderoso sucumbiria.

É a Virgem, Mãe dos pobres, **que não aprova a dor alheia, que socorre quem lhe suplica, hoje e agora, sua proteção!**

Nosso Deus não tem fronteiras e por isso não faz distinção: pátria, cor, raça ou nação. Deus não quer a divisão e jamais vai aprovar quem deseja explorar gerando escravidão. E Maria com seu olhar nos chama para também libertar.

Zacarias libertado nos chama à conversão, para que o cristão não deixe o irmão morrer na opressão!

(Rezam-se o Pai-nosso, as dez Ave-Marias, o Glória e as invocações que se seguem.)

– Senhora do céu e da terra. **– Rogai por nós!**
– Senhora de todos os povos. **– Rogai por nós!**
– Senhora da Igreja. **– Rogai por nós!**
– Senhora das Comunidades. **– Rogai por nós!**
– Senhora dos Religiosos. **– Rogai por nós!**
– Senhora dos Sacerdotes. **– Rogai por nós!**

Guardai-nos, ó Senhora Aparecida, sob vossa proteção e dai-nos o alento de que tanto precisamos nesta vida! Amém!

Maria: Olhar que desperta! Santa de Deus!

4º MISTÉRIO – Apresentação de Jesus!

– Apresentação de Jesus no templo e a purificação de Nossa Senhora! "Maria apresenta Jesus no templo e escuta a dura profecia de Simeão a respeito de Jesus" (Lc 2,34-35).

O CAVALEIRO PREPOTENTE: *Residia em Cuiabá-MT um cavaleiro que, além de não ter fé, era abusado. Costumava zombar dos devotos de Nossa Senhora. Chegou a apostar que era capaz de entrar a cavalo na igreja e que nada lhe aconteceria por seu ato sacrílego. Na frente dos devotos, montou seu cavalo e dirigiu-se a galope para a entrada da Capela da Santa. Diante da Igreja o cavaleiro puxa as rédeas e dá de esporas, mas o cavalo refuga. A pata do animal prendeu-se na pedra do primeiro degrau da escada, deixando ali, para sempre, as marcas da petulância do cavaleiro. Arrependido, o fazendeiro apeou do cavalo e entrou no templo suplicando o perdão pela sua sandice.*

Morava, numa terra distante, um cavaleiro prepotente, e seu coração de ninguém se apiedava. Querendo ser maior que Deus, fez uma aposta que, a cavalo, na igreja entraria e nada lhe aconteceria.
E, diante dos devotos,/ montou em seu cavalo/ e a galope,/ para a entrada da capela,/ lá foi ele com sua valentia!

Diante da igreja, onde o povo se reunia cheio de amor a Maria, o cavalo refuga e nem as rédeas, nem as esporas, ele obedecia. Sua pata dianteira, na pedra do primeiro degrau se prendeu e não mais saía.

E o abusado cavaleiro,/ de coração arrependido,/ pediu perdão/ à Virgem Maria!

A história nos contou, e alguém registrou, tamanha ousadia. Ninguém é feliz quando a Deus não se confia. E por isso, confiantes, nós amamos e respeitamos o que Deus fez por Maria.

Longe de nós a prepotência,/ e reine sempre a humildade,/ que faz grandes os pequenos/ e rebaixa os poderosos!

(Rezam-se o Pai-nosso, as dez Ave-Marias, o Glória e as invocações que se seguem.)

– Maria, Senhora nossa. **– Rogai por nós!**
– Maria, Senhora dos evangelizadores. **– Rogai por nós!**
– Maria, Senhora dos Ministros da Igreja. **– Rogai por nós!**
– Maria, Senhora das Crianças. **– Rogai por nós!**
– Maria, Senhora dos Jovens. **– Rogai por nós!**

Ó Senhora Aparecida, pousai sobre todos nós vossas mãos benditas, santas e imaculadas, e fazei-nos todos fiéis a Jesus, vosso Filho e Redentor nosso! Amém!

Maria: Olhar que transforma! Mulher transformadora!

5º MISTÉRIO – Encontro de Jesus no templo!

– A perda e o encontro de Jesus no templo, discutindo com os doutores! "Mas o Menino ficou em Jerusalém, sem que seus pais o notassem. Eles voltaram a Jerusalém, à sua procura. Três dias depois, eles o encontraram no Templo" (Lc 2,43-46).

A CURA DA MENINA CEGA: *Corria o ano de 1874. Dona Gertrudes Vaz e sua filhinha – cega de nascença – levaram três meses de viagem de Jaboticabal-SP a Aparecida-SP. A menina tinha ouvido falar da história da "pesca milagrosa" e queria muito visitar Nossa Senhora Aparecida. Ao chegarem à entrada do Município, ainda na estrada poeirenta, a menina fixou o horizonte e exclamou: "Olhe, mamãe, a capela da Santa!" Dona Gertrudes percebeu que tanto sacrifício tinha valido a pena. Mãe e filha – a ex-ceguinha – foram rezar agradecidas, ajoelhadas aos pés da Senhora Aparecida.*

Foi em 1874. Durante três meses, pisando o chão duro da estrada, de Jaboticabal a Aparecida, e não foi em vão. Dona Gertrudes Vaz e sua filhinha, cega de nascença, que queria visitar Nossa Senhora.
Traziam no coração/ a esperança/ de que a Mãe estenderia sua mão,/ concedendo-lhes grande proteção!
E quando já estavam perto, em meio à estrada poeirenta, o coração bateu mais forte, e qual não foi a grande

sorte, pura bênção do céu, a menina cega gritou: "*Mamãe, mamãe, que bonita é a capela da Santa*".

E, na alegria sem medida,/ foram rezar agradecidas,/ aos pés da Senhora Aparecida,/ tão grande dádiva do céu!

Tão bom é saber que cegos foram curados e puderam ver de novo, como aqueles do Evangelho. Tão triste é saber que há olhos que não querem ver e, porque recusam o amor, não podem enxergar as maravilhas do Senhor, nem amar o dom da vida!

Bendito seja o Senhor,/ que nunca se esquece/ de nos dar seu amor!

(Rezam-se o Pai-nosso, as dez Ave-Marias, o Glória e as invocações que se seguem.)

– Virgem fiel, Mãe de Deus. **– Rogai por nós!**
– Virgem fiel, Mãe das Famílias. **– Rogai por nós!**
– Virgem fiel, Mãe dos Idosos. **– Rogai por nós!**
– Virgem fiel, Mãe dos pecadores. **– Rogai por nós!**
– Virgem fiel, Mãe da vida. **– Rogai por nós!**
– Virgem fiel, Mãe amável. **– Rogai por nós!**

Invocamos, ó Mãe e Senhora Aparecida, vosso amor maternal, pois sois o amparo de que precisamos e a força do céu com que contamos! Amém!

Mistérios da Paixão

Maria: Mãe sempre presente!

1º MISTÉRIO – Agonia de Jesus!

— No Jardim das Oliveiras Jesus tem sua agonia! "Jesus foi com eles a um lugar chamado Getsêmani. E começou a entristecer-se e a angustiar-se" (Mt 26,36-37).

O MENINO QUE SE AFOGAVA: *Em 1862 o menino Marcelino, de três anos de idade, brincava no terreiro da casa de seus pais. A casa ficava à margem do rio Paraíba do Sul, em Aparecida. Ao subir no piloto do barco a criança caiu de ponta-cabeça no rio. Não muito distante, dois pescadores assistiram à cena e gritaram por socorro. D. Angélica e sua filha Antônia se ajoelharam pedindo à Virgem Aparecida que acudisse o pequeno Marcelino. O pai logo correu para a sua canoa e, remando em desespero, alcançou o filho que já estava distante, na curva do Morro das Pitas. Agarrou-o pelos cabelos e viu que, milagrosamente, o menino permaneceu boiando e sem engolir água do rio.*

Era um menino de nome Marcelino, com três anos apenas, que brincava alegremente, à beira do rio Paraíba. Eis que, de repente, se viu no meio das águas correntes, e ninguém o acudia.
E outra vez os pescadores/ gritaram por socorro,/ para salvar uma vida!
Dona Angélica e Antônia, sua filha, de joelhos suplicaram: Socorrei-nos, Virgem Aparecida! E seu pai,

remando forte, foi rio abaixo até alcançar o menino, bem na curva do rio, no morro das Pitas. Agarrou-o pelos cabelos e em seus braços o protegia.

Foi Maria,/ que na palma de suas mãos/ o menino socorria/ e nem um pouco de água/ ele engolia!

E a mãe, na alegria, à Senhora Aparecida agradecia. E assim aconteceu este outro fato, que tocou o coração de muita gente, pois quem ama sempre alcança, por maior que seja a agonia.

E nós hoje,/ agradecidos,/ bendizemos a Maria,/ que socorre os aflitos/ e quem a ela confia!

(Rezam-se o Pai-nosso, as dez Ave-Marias, o Glória e as invocações que se seguem.)

– Senhora nossa e Mãe de Deus. **– Rogai por nós!**
– Senhora nossa e Mãe dos aflitos. **– Rogai por nós!**
– Senhora nossa e Mãe dos Moradores de Rua. **– Rogai por nós!**
– Senhora nossa e Mãe dos que defendem a vida. **– Rogai por nós!**
– Senhora nossa e Mãe dos que servem com alegria. **– Rogai por nós!**
– Senhora nossa e Mãe dos cientistas. **– Rogai por nós!**

Fortalecei nossa vida, ó querida Mãe, Senhora Aparecida, pois vossa presença junto de nós é certa e, com vosso amparo, podemos sempre contar! Amém!

Maria: Sinal do compromisso com o Reino!

2º MISTÉRIO – Jesus é flagelado, macerado!

– Jesus foi preso e flagelado, e muito zombaram dele! "Pilatos libertou então Barrabás. Quanto a Jesus, depois de o mandar açoitar, entregou-o para ser crucificado" (Mt 27,26).

1743 – NO MORRO DOS COQUEIROS, A CAPELA DE NOSSA SENHORA: *A Imagem Aparecida ficou com Filipe Pedroso, um dos três pescadores, de 1717 até 1732. Depois seu filho Atanásio cuidou da querida imagem, construindo-lhe um oratório, para que o povo a visitasse. Foi aí que aconteceu o milagre das velas, que se apagaram e se acenderam sem ninguém lhes colocar as mãos. O amor que contagia foi vencendo as barreiras e fronteiras, a tal ponto que foi preciso erguer uma capela. Era o início das romarias, e Pe. José Alves Vilela, pároco de Guaratinguetá, construiu em 1740 uma pequena capela. Mas não foi suficiente para o povo acolher quem em tão grande número vinha reclamar a Maria as bênçãos do céu.*

O Pe. José Alves Vilela, homem corajoso e de muito amor a Nossa Senhora, foi pedir para o bispo a licença devida para erguer a nova capela; ela foi logo concedida e o bispo lhe escreveu: "Havemos por bem de lhe conceder licença como pela presente nossa Provisão lhe concedemos, para que possa edificar uma Capela com o título da mesma Senhora na dita freguesia, em lugar decente assignado, pelo Revdo. Pároco".

E assim aconteceu que, no alto do Morro dos Coqueiros, a primeira Capela se ergueu, em louvor a Nossa Senhora!

Foi no alto do Morro dos Coqueiros que uma senhora viúva chamada Margarida Nunes Rangel, com escritura passada no dia 6 de maio de 1744, assim escreveu: "... e doou hoje para sempre à Virgem Maria, Senhora da Conceição, chamada 'Aparecida', para que, no dito morro, chamado dos Coqueiros, pela disposição que a dita paragem tem, lhe possam fazer a nova Capela".

Na força que a alma tem, com braços e mãos fortes, começaram a erguer do chão a Capela da Virgem Aparecida, a Senhora da Conceição!

O povo que ali acorreu, com fé e devoção, entoando canções e recitando ladainhas, rezava o terço e se unia na Eucaristia. Tudo era tão simples, bem do jeito que Deus gosta, as pessoas se reconciliavam, tirando as amarras do coração.

Quem hoje pisa o chão sagrado, desse lugar santo e bendito, não pode esquecer-se de Nossa Senhora, nem do amor ao irmão!

(Rezam-se o Pai-nosso, as dez Ave-Marias, o Glória e as invocações que se seguem.)

– Mãe bendita do Salvador. **– Rogai por nós!**
– Mãe do Homem do campo. **– Rogai por nós!**
– Mãe das Mães de família. **– Rogai por nós!**
– Mãe dos servidores dos pobres. **– Rogai por nós!**
– Mãe incomparável. **– Rogai por nós!**
– Mãe cheia de amor. **– Rogai por nós!**

Ó Senhora Aparecida, guiai nossa vida, dai-nos vossa guarida, livrai-nos da opressão, de toda maldade e violência, para que vivamos todos em paz, na harmonia e na concórdia! Amém!

Maria: Mulher consagrada ao Senhor!
3º MISTÉRIO – Coroa de espinhos!

– Jesus é coroado de espinhos! "Tecendo uma coroa de espinhos, puseram-lha sobre a cabeça e na mão direita uma cana. Dobrando o joelho diante dele, zombaram dele, dizendo: 'Salve, Rei dos Judeus!'" (Mt 27,27-31).

1743-1745 – CONSTRUÇÃO E INAUGURAÇÃO DA CAPELA: *Não podia haver lugar mais privilegiado para a Capela da Virgem. Do alto descortinava-se o vale de então, coberto de matas e de onde se podia ver a sinuosidade de um rio abençoado, verdadeiro oratório que guardou a bela imagem não se sabe desde quando, e ainda a imponente serra da Mantiqueira, que também tem o M de Maria. As águas abençoadas, desenhadas em forma de um M, guardam tal mistério: a Imagem da Senhora Aparecida. A água é vida, e de seu coração nos veio a imagem da Imaculada Conceição.*

A capela feita do amor, com o suor do rosto dos escravos do Capitão Antônio R. Leme, que a Mãe queria também libertar, tinha uma torre, uma nave principal, o presbitério e duas naves laterais, como se fossem corredores.

É com o suor do rosto, com a força das mãos e do coração que se constrói a vida e se faz dom!

Foi chamada "Capela de Aparecida", nome importante para o Santuário e também para a cidade, nome herdado desde então. Na véspera do dia 26 de julho de 1745, uma segunda-feira, Pe. José Vilela trouxe a imagem lá do

Oratório do Itaguaçu, em procissão festiva e contagiante, colocando-a no nicho do altar da capela nova.

O povo feliz caminhava com Maria, que caminhava com o povo, conduzindo-o a Jesus!

Foi no dia 26 de julho de 1745 que Pe. José Vilela benzeu a nova Capela e rezou a missa, e assim escreveu: *"Benzi a igreja aos vinte e seis de julho do presente ano de mil setecentos e quarenta e cinco para nela se celebrar a santa missa".*

É no templo do Senhor **que queremos um dia morar eternamente, mergulhados em seu amor!**

Seus altares todos entalhados em madeira demonstravam o amor dos que sem saber estavam começando uma história que atravessaria o tempo e a história: a presença de Nossa Senhora no coração do povo brasileiro. Deus é assim, tudo faz acontecer, no silêncio e no seu tempo. O nicho de Nossa Senhora estava sempre iluminado pelas velas, luzes que não se apagavam, como no milagre das velas. Luzes que iluminam os passos da gente na direção do além.

Nascia assim o novo Santuário, das mãos dos escravos e dos que construíram também seu coração no amor e na gratidão!

(Rezam-se o Pai-nosso, as dez Ave-Marias, o Glória e as invocações que se seguem.)

– Virgem escolhida e Imaculada. **– Rogai por nós!**
– Virgem e libertadora dos marginalizados. **– Rogai por nós!**
– Virgem e companheira inseparável. **– Rogai por nós!**

– Virgem e força dos humildes. **– Rogai por nós!**
– Virgem e nosso Perpétuo Socorro. **– Rogai por nós!**
– Virgem e Mãe da justiça. **– Rogai por nós!**

Ó Mãe e Senhora Aparecida, que fostes consagrada ao Amor eterno do Pai, não nos deixeis ao sabor das coisas sem sentido para nossa vida, mas firmai-nos no caminho de Jesus! Amém!

Maria: Catedral da vida e do amor!
4º MISTÉRIO – Jesus a caminho do calvário!

– Jesus caminha para o calvário com a cruz às costas! "Levaram, pois, Jesus. Carregando sua cruz, saiu para o lugar chamado o Crânio, em hebraico Gólgota. Ali o crucificaram" (Jo 19,17-18).

1888 – INAUGURAÇÃO DO SANTUÁRIO (Basílica "Velha"): *A "Capela de Aparecida" feita com tanto carinho pelo Pe. José Vilela não resistiu ao tempo, pois era feita de taipa de pilão, e não resistiu às intempéries, que em cento e quarenta e cinco anos acolheu multidões de peregrinos. Veio a riqueza do café no Vale do Paraíba e, em 1845, iniciou-se a construção da nova igreja, hoje conhecida como "Basílica Velha". Entre 1845 e 1864 foram construídas sua fachada e as duas torres, e a construção foi interrompida pela falta de boa vontade e por causa da corrupção que já rondava os administradores públicos de então. Mas, por graça divina, as dificuldades foram superadas e, com homens honestos, a construção foi continuada.*

Foi em 1876 que um monge beneditino, Cônego Frei Joaquim do Monte Carmelo, procurou tocar em frente o que então estava parado. Fez o projeto do grande Santuário, como hoje se pode ver, com a nave central e duas naves laterais. Mais tarde também resolveu construir o presbitério, que até então permanecia o da Capela anterior.

Só os honestos alcançam de Deus a bênção do coração e seus projetos não se tornam em vão!

O Frei Joaquim, sem medo e com toda a decisão, levou adiante sua obra, sua missão. E qual não foi sua alegria ao chegar o dia da bênção, da inauguração. Foi no dia 24 de junho de 1888 que pôde sentir forte, bem dentro de seu peito, a grande emoção, quando D. Lino de Carvalho, bispo de São Paulo, estendeu sua mão abençoando o novo Santuário.

Ali estava erguida, depois de muita luta e oração, a igreja bendita da Senhora da Conceição!

Foi o Frei Joaquim do Monte Carmelo, o primeiro a celebrar, às 6h da manhã, nesse Santuário, a primeira Eucaristia. Foi o primeiro devoto e o humilde peregrino a receber das mãos de Maria a graça da reconciliação, no novo tempo e no novo templo que havia se empenhado para erguê-lo do chão.

Os anos se passaram e ele aí está, acolhendo os romeiros que vêm sempre buscar a graça e o perdão!

(Rezam-se o Pai-nosso, as dez Ave-Marias, o Glória e as invocações que se seguem.)

– Maria, que sois filha predileta do Pai. – **Rogai por nós!**
– Maria, Mulher da paz. – **Rogai por nós!**
– Maria, Mãe dos trabalhadores. – **Rogai por nós!**
– Maria, força dos sofredores. – **Rogai por nós!**
– Maria, esperança de todos os povos. – **Rogai por nós!**
– Maria, Senhora dos Anjos e dos Santos. – **Rogai por nós!**

Ó Mãe, Senhora Aparecida, sois a catedral iluminada do Senhor, pois sois o Templo de Deus, morada do Senhor, conservai-nos na comunhão e na partilha do amor! Amém!

Maria: Missionária e discípula de Cristo!

5º MISTÉRIO – Morte de Jesus na cruz!

– Jesus é crucificado e morre na cruz! "Quando chegaram ao lugar chamado o Crânio, ali o crucificaram, como também aos malfeitores, um à direita e o outro à esquerda. Jesus dizia: 'Pai, perdoai-lhes', porque não sabem o que fazem" (Lc 23,33-34).

1894 – CHEGADA DOS MISSIONÁRIOS REDENTORISTAS: *Em 1894, chegaram a Aparecida os Missionários Redentoristas, os "Missionários da Capela", que vieram da Baviera – Alemanha, a pedido de D. Joaquim Arcoverde, bispo de São Paulo. Respeitando o sentimento religioso do povo, evangelizaram com ardor missionário. Pregaram a Palavra de Deus no Santuário e também nas Santas Missões. Pela Eucaristia e Confissões falavam da misericórdia divina. Hoje, a Rádio e a TV Aparecida têm por missão a evangelização. Imitando Santo Afonso, ensinam aos peregrinos o amor a Nossa Senhora, que é o mesmo amor a Jesus.*

Lá do país distante, das terras do primeiro mundo, deixaram tudo e partiram, chegando a Aparecida em 1894, os Missionários Redentoristas. Pela providência divina, era o mês de outubro, mês missionário e de Nossa Senhora. Como os apóstolos, eles também eram doze, que da Alemanha, precisamente da Baviera, foram enviados.

Com toda a coragem e ardor,/ não duvidaram em compreender o povo/ e anunciar com amor/ o Evangelho do Redentor!

No Santuário acolheram os romeiros, anunciaram a Palavra e distribuíram a misericórdia divina, e nas cidades, ao redor, pregaram as Santas Missões. Fundaram a Editora, para ajudar o povo a rezar, e o Seminário Santo Afonso, para novos missionários formar.

E a Rádio Aparecida/ com suas ondas irradia/ a mensagem salvadora,/ e na TV dos tempos de agora/ podemos contemplar Nossa Senhora!

E o tempo que já passou deixou raízes fecundas que não nos deixam olhar em vão. É preciso anunciar o Evangelho da redenção.

E hoje agradecidos/ nós rezamos muito unidos/ por quem plantou,/ deixando a terra natal,/ o Evangelho em nosso chão!

(Rezam-se o Pai-nosso, as dez Ave-Marias, o Glória e as invocações que se seguem.)

– Discípula de Jesus e Missionária do povo de Deus. **– Rogai por nós!**
– Discípula de Jesus e Missionária da Igreja. **– Rogai por nós!**
– Discípula de Jesus e Missionária das nações. **– Rogai por nós!**
– Discípula de Jesus e Missionária de nossas Comunidades. **– Rogai por nós!**
– Discípula de Jesus e Missionária das Crianças. **– Rogai por nós!**

– Discípula de Jesus e Missionária dos Jovens. **– Rogai por nós!**

Fortalecei, ó Mãe e Senhora Aparecida, a vida de fé de todos e de cada um de nós, de nossas Comunidades, e ajudai-nos também a ser discípulos-missionários do Evangelho! Amém!

Mistérios da Glória

Maria: Mãe do povo de Deus!

1º MISTÉRIO – Ressurreição de Jesus!

– No terceiro dia, Jesus ressuscitou dos mortos! "Não tenhais medo! Sei que estais procurando Jesus, o crucificado. Não está aqui. Ressuscitou, como havia dito!" (Mt 28,5-6).

1931 – NOSSA SENHORA APARECIDA, PADROEIRA DO BRASIL: *A 16 de julho de 1930, o Papa Pio XI declarou Nossa Senhora Aparecida Padroeira do Brasil. E no Rio de Janeiro, capital do Brasil, no dia 31 de maio de 1931, diante da multidão de cerca de um milhão de pessoas, de autoridades civis e militares, eclesiásticas, e do próprio Presidente da República, Dr. Getúlio Vargas, Nossa Senhora foi aclamada Padroeira e Rainha do Brasil. A viagem da imagem, em trem especial da Central do Brasil, foi apoteótica, tanto na ida como na volta. O povo piedoso e de joelhos ao longo da estrada, de mãos erguidas, à Virgem suplicava. Foi grande a festa e sem fim a comoção que até hoje nos toca o coração.*

Quando menos se esperava, lá de Roma, veio um aviso: o Papa Pio XI declarou, por um decreto seu, a Senhora Aparecida Padroeira do Brasil. Era o dia dezesseis do mês de julho de 1930. A alegria invadiu o coração, e não teve quem contivesse tanta emoção. E tudo aconteceu no dia 31 do mês de Maria, o mês de maio do ano de 1931.

E a multidão acorreu/ ao Rio de Janeiro,/ capital do Brasil,/ levando suas bandeiras,/ para a proclamação da Padroeira!

Para lá a imagem foi levada de trem, pela Central do Brasil. Tanto na ida como na volta, o povo piedoso, ao longo da estrada, de joelhos suplicava. Tanta gente lá se reuniu, foi mais de milhão, do presidente ao mais humilde, todos se uniram numa só oração.

E sob sua proteção,/ da criança ao ancião,/ viva nossa gente,/ na força da união!

E quase três séculos já se passaram, desde aquele dia bendito, que na rede apareceu a imagem da Virgem Maria. Esta é nossa herança que ninguém nos pode tirar, pois foi a vontade divina, que escolheu Maria para ser nossa Rainha!

Bendita seja hoje,/ amanhã/ e sempre,/ aquela que Deus escolheu,/ para ser a Rainha do Brasil!

(Rezam-se o Pai-nosso, as dez Ave-Marias, o Glória e as invocações que se seguem.)

– Maria, Coração cheio de amor. **– Rogai por nós!**
– Maria, fina flor de Israel. **– Rogai por nós!**
– Maria, força do povo peregrino. **– Rogai por nós!**
– Maria, modelo de vida. **– Rogai por nós!**
– Maria, encanto sublime do Senhor. **– Rogai por nós!**
– Maria, estrela que nos guia. **– Rogai por nós!**

Fazei de nós, ó Mãe e Senhora Aparecida, um povo unido, fortalecido na esperança e sempre disposto a fazer o que Jesus nos mandou! Amém!

Maria: Senhora do Reino e da vida!

2º MISTÉRIO – Ascensão de Jesus!

– Jesus subiu aos céus! "Depois dessas palavras, foi se elevando à vista deles, e uma nuvem escondeu-o a seus olhos" (At 1,9).

1954 – INÍCIO DA CONSTRUÇÃO DO NOVO SANTUÁRIO: *Foi D. José Gaspar que, em 1939, veio a Aparecida no dia 23 de novembro e prometeu construir um novo templo para a Mãe mais querida, de todos os brasileiros e até de povo do estrangeiro. Pensou que o Morro do Cruzeiro fosse um lugar benfazejo, terra que fora comprada em 1940. Mas os engenheiros disseram que não, que ali a terra não suportava o peso da construção. Era perigoso e tudo poderia vir ao chão. Deus tem seus caminhos e ilumina a cabeça e o coração, e aí não mais quiseram fazer ali o Santuário. E então muito pensaram até encontrar um novo lugar, bem bonito e sem perigo, para a Casa da Mãe ser então construída.*

E como o Morro dos Coqueiros que recebeu a primeira capela para guardar Nossa Senhora, agora foi o Morro das Pitas, bem ao lado da Via Dutra, o escolhido para receber a casa da Virgem Aparecida. Era uma gleba de terra que precisava ser preparada para erguer tão belo Santuário.

E aquele chão, bendito e abençoado, foi sendo preparado com muito suor no rosto e amor no coração!

D. Carlos Carmelo Motta abençoou aquele lugar, para que fossem benditos os trabalhos e benditos seriam os que nele pisassem. E no dia 10 de setembro de 1946, D. Manuel Gonçalves Cerejeira, Cardeal Patriarca de Lisboa, abençoou a pedra fundamental.

A pedra fincada no chão vem nos lembrar que o Cristo nascido de Maria é a pedra fundamental!

Conta-nos a história que essa pedra foi roubada e lançada no rio. E por isso, de novo, abençoou-se, no dia 8 de setembro, no dia da natividade de Maria, do ano de 1952, a nova pedra fundamental.

E agora ficou firmada, no chão e no coração, a pedra que deu início à nova construção da Casa nova da Mãe da Libertação!

Com o chão preparado, o engenheiro-arquiteto Dr. Benedito Calixto de Jesus Neto, com o projeto na mão, deu início à nova construção. E como deve ser a fé, cavou bem fundo o chão, para fazer o alicerce para sustentar tamanha construção.

Junto com Maria, louvamos o Senhor, que deu inspiração àqueles primeiros que assumiram tão grande desafio!

(Rezam-se o Pai-nosso, as dez Ave-Marias, o Glória e as invocações que se seguem.)

– Mulher bendita, amor materno no meio de nós. **– Rogai por nós!**
– Mulher santa, força dos que evangelizam. **– Rogai por nós!**
– Mulher humilde, apoio dos fracos e sofredores. **– Rogai por nós!**

– Mulher atenta aos necessitados. **– Rogai por nós!**
– Mulher que se fez servidora da vontade do Senhor. **– Rogai por nós!**
– Mulher que é santa de todos os santos. **– Rogai por nós!**

Maria, a quem chamamos de Senhora Aparecida, sois doce poesia, encanto sublime do Senhor, brisa leve da manhã e estrela que brilha no céu e nos mostra o Senhor! Amém!

Maria: Mulher santa e fiel!
3º MISTÉRIO – Vinda do Espírito Santo!

– Jesus envia o Espírito Santo sobre os discípulos e Nossa Senhora! "Todos ficaram cheios do Espírito Santo e começaram a falar em outras línguas, conforme o Espírito lhes concedia se expressar" (At 2,1-4).

1979 – A IMAGEM FOI QUEBRADA: *Foi um fato triste que aconteceu naquele dia 16 de maio de 1978, quando já bem de tardinha um rapaz de dezenove anos quebrou o vidro do nicho de Nossa Senhora e pegou a imagem bendita da Senhora Aparecida, a imagem verdadeira que foi pescada no rio Paraíba. Quando estava fugindo com a imagem nas mãos, bem ali na sacristia, apanhado pela guarda, derrubou a imagem no chão. Foram muitos os pedaços da imagem que se quebrou ao chão, mais de trezentos, contaram então. O fato entristeceu a muitos e houve choro e comoção. Por que aquele moço tomou tal decisão, ninguém sabe qual foi a razão.*

O padre rezava a missa e viu aquela situação. Parou a celebração e correu para a sacristia, e o Pe. Lino, que agora está no céu, juntou todos os pedaços da imagem Aparecida nas águas do rio Paraíba. Colocou dentro de uma caixa e guardou com carinho, e foi terminar a missa.

Mas o amor permanece inteiro, não se quebra jamais, porque o amor é a vida que vem de Deus!

Uma coisa interessante, outro sinal da Virgem Maria que a gente pode compreender: as mãos postas de Nossa Senhora Aparecida não se quebraram, continuaram unidas, pois estavam rezando para o moço se converter e mudar o coração.

As mãos de Maria estão sempre postas em oração, pois é Mãe que ama os filhos e não quer a maldade ou perdição!

Os pedaços da imagem até pareciam o coração repartido com amor aos filhos. Quem ama de verdade não quer nada para si, pois deseja sem cessar que o outro seja feliz. Imagem quebrada de Nossa Senhora é seu coração partilhado com os irmãos de Jesus, e até a quem a quebrou ela doou um pouco de si.

É feliz quem se doa e faz da vida uma oblação! É feliz só quem sabe amar!

Maria é santa e fiel, ficou em pé aos pés da cruz. Sofreu com seu Jesus nos seus ultrajes e na sua paixão. Até parece que em Aparecida se cumpriu de novo a profecia de Simeão.

Mesmo na dor, Nossa Senhora continua a ser a Mãe de Amor! E não há amor mais belo que o amor de Mãe!

(Rezam-se o Pai-nosso, as dez Ave-Marias, o Glória e as invocações que se seguem.)

– Senhora, nossa Mãe. **– Rogai por nós!**
– Senhora dos excluídos. **– Rogai por nós!**
– Senhora dos oprimidos. **– Rogai por nós!**
– Senhora dos injustiçados. **– Rogai por nós!**
– Senhora da paz. **– Rogai por nós!**
– Senhora da esperança. **– Rogai por nós!**

Ó Mãe e Senhora Aparecida, desde a anunciação até à cruz, junto com Jesus, vós sois meu amparo e rocha que me sustenta no caminho de encontro a Jesus! Amém!

Maria: Sempre pronta para amar!

4º MISTÉRIO – Assunção de Nossa Senhora!

– Maria é elevada ao céu! "E Maria disse: Minha alma glorifica o Senhor, e meu espírito exulta em Deus, meu Salvador" (Lc 1,46-47).

1978 – A IMAGEM: *Depois do grave incidente da quebra da imagem, a procura foi grande até encontrar quem fosse capaz de restaurá-la. Até no estrangeiro foram procuradas pessoas que pudessem prestar tão relevante serviço. E a surpresa foi grande quando disseram: "Por que procurar aqui, se aí se tem gente muito capaz?" Foi então quando se encontrou pela Direção do Museu de Arte de São Paulo – MASP – Maria Helena Chartuni, que aceitou tamanho desafio. E quando tudo terminou, e ela viu o que havia conseguido, que a Imagem de novo ficou do mesmo jeito original, ela afirmou: "Foi uma graça de Nossa Senhora Aparecida". Eram muitos os pedaços que precisavam ser colocados, cada um no seu devido lugar.*

Era o dia 19 de agosto de 1978 quando a imagem retornou de São Paulo a Aparecida. Veio num caminho do Corpo de Bombeiros e, no alto do carro, segurava a imagem com todo carinho e devoção o missionário redentorista Pe. José Carlos de Oliveira.

Foi aqui que Maria escolheu ser o grande sinal do amor de Deus, pedindo também que sejamos mais de Jesus!

Em todas as cidades de São Paulo a Aparecida, o povo se acumulava à beira da estrada para saudar e acolher a Imagem da Virgem que retornava. Foi grande a emoção e, no Santuário e em sua volta, não tinha mais lugar para quem quisesse se acomodar.

Foi dia de alegria, e ninguém mais se lembrava do que havia acontecido. Só queriam se alegrar com o amor da Senhora Aparecida!

É feliz quem ama a Deus, e essa é a alegria que Nossa Senhora deseja e espera: a alegria que vem de Deus. Tudo o que ela nos faz é para que contemplemos o seu Filho Jesus e nunca deixemos de escutar sua Palavra.

Unidos na mesma fé, veneramos Maria e amamos a Jesus, pois foi ela quem nos trouxe o Autor da Vida!

(Rezam-se o Pai-nosso, as dez Ave-Marias, o Glória e as invocações que se seguem.)

– Virgem que cuidais dos pobres com amor. **– Rogai por nós!**
– Virgem que cuidais de todas as mulheres. **– Rogai por nós!**
– Virgem que cuidais de todas as mães. **– Rogai por nós!**
– Virgem que cuidais das crianças. **– Rogai por nós!**
– Virgem que cuidais dos adolescentes. **– Rogai por nós!**
– Virgem que cuidais dos jovens. **– Rogai por nós!**

Ó Mãe do Belo Amor, Senhora Aparecida, vós sois a flor do jardim que me dais o perfume da paz e me devolveis a alegria de viver, de amar e de sorrir! Amém!

Maria: Senhora dos pequenos e humildes!

5º MISTÉRIO – Coroação de Nossa Senhora!

– Maria é coroada Rainha do céu e da terra! "E Maria disse: Por isso, de hoje em diante, todas as gerações me chamarão de bem-aventurada" (Lc 1,48).

1904 – A COROAÇÃO DE NOSSA SENHORA APARECIDA: *A festa da Coroação da Imagem foi realizada no dia 8 de setembro de 1904, solenemente, com a coroa em ouro e brilhantes, doada pela Princesa Isabel. Tal privilégio foi concedido pelo Cabido da Basílica de São Pedro, em Roma, a pedido de Dom Joaquim Arcoverde de Albuquerque Cavalcanti, Arcebispo do Rio de Janeiro e primeiro Cardeal do Brasil. Foi uma grande festa religiosa, evento inaudito para aqueles tempos: uma concentração de povo nunca antes acontecida no Brasil, reunindo em Aparecida cerca de 15 mil pessoas, 12 bispos, muitos sacerdotes. E o povo festejou e aclamou: Nossa Senhora é rainha, porque é Mãe do Rei, Jesus!*

Há mais de um século, em 1904, no dia 8 de setembro, áurea coroa recebia a Senhora Aparecida. Presente de Isabel, que era princesa na corte real. O povo se reuniu como dantes nunca visto, e a emoção tomou conta daquela gente.

O olhar da multidão/ contemplava a humilde imagem,/ e no seu olhar sereno,/ por todos intercedia!

O cortejo se formou, bispos, padres e autoridades, e nas mãos do Pe. Gebardo a coroa reluzia. Reluzia não o ouro, mas a santidade de quem a recebia. E o povo, com euforia, aclamava: É Maria a rainha, porque é Mãe de quem muito amou!

É Maria, minha rainha,/ porque é Mãe/ de quem me deu a vida:/ Jesus,/ meu Redentor!

E assim foi coroada Nossa Senhora Aparecida, numa festa muito linda. Os anos já se passaram, e Maria continua a ser a serva do Senhor. Seu olhar penetra a alma, porque vem carregado de muito, mas muito amor.

"Virgem santa,/ Virgem bela,/ Mãe amável,/ Mãe querida,/ amparai-nos,/ socorrei-nos,/ ó Senhora Aparecida!"

(Rezam-se o Pai-nosso, as dez Ave-Marias, o Glória e as invocações que se seguem.)

– Bendita Mãe de Deus. **– Rogai por nós!**
– Bendita Senhora dos cristãos. **– Rogai por nós!**
– Bendita Senhora dos enfermos. **– Rogai por nós!**
– Bendita Senhora dos confessores. **– Rogai por nós!**
– Bendita Senhora da vida e da morte. **– Rogai por nós!**
– Bendita Senhora do céu e da terra. **– Rogai por nós!**

Maria, Senhora Aparecida, fazei ressoar todos os dias, em nossos ouvidos e coração, a Palavra de Jesus, o Evangelho que nos liberta e nos salva! Amém!

Mistérios da Luz

Maria: Mãe de Cristo e da Igreja!
1º MISTÉRIO – Batismo de Jesus!

– Batismo de Jesus no rio Jordão! "Jesus veio da Galileia ao Jordão, ao encontro de João, a fim de ser batizado por ele. E do céu veio uma voz que disse: Este é meu Filho amado, de quem eu me agrado!" (Mt 3,13.17).

1982 – A IMAGEM É LEVADA DEFINITIVAMENTE PARA O SANTUÁRIO: *Desde 1745, quando foi inaugurada a primeira "Capela de Aparecida", a imagem de Nossa Senhora Aparecida, que fora pescada no rio Paraíba, ficara ali, no alto do Morro dos Coqueiros. Depois veio a Basílica inaugurada em 1888, e a imagem ali permanecia. Com a construção do novo Santuário (Basílica nova) e com as condições favoráveis para todo o movimento religioso, a imagem foi levada definitivamente para o novo Santuário, no ano de 1982.*

Era o dia 3 de outubro de 1982. O povo se reuniu na praça em frente à "Basílica Velha". A alegria e a fé eram grandes. O coração batia forte, e todos queriam tocar naquela que é o sinal da bênção do céu: a Imagem da Senhora Aparecida.

O coração da Mãe se alarga ainda mais para acolher seus filhos que a amam!

Saiu a procissão. A multidão a seguia. É Nossa Senhora quem nos conduz e nos leva até Jesus. Outra multidão se apinhava nas janelas e sacadas dos prédios, aplaudindo e chorando, quando os olhos contemplavam a imagem simples, tão singela e que tanto nos fala do amor de Deus.

O povo se emocionou, porque a fé, que nasce do mais fundo da alma, faz vibrar o coração dos mais empedernidos!

Lá no novo Santuário, o povo também esperava para acolher a imagem da Mãe de Deus, como Isabel, que foi visitada pela Mãe de Jesus. E não houve quem não se alegrasse, porque Maria é a alegria de Deus.

E todo mundo recebeu, com muita alegria no coração, a nobre filha de Sião!

Desde aquele dia a imagem lá está, para nossa veneração. E cheia de "graça e luz" ilumina nossa vida e volve seu olhar aos milhões de peregrinos que correm ao seu encontro.

E ninguém pode medir o que se passa no coração dos grandes e dos pequenos, ao sentirem-se amados pela Virgem, Mãe de Jesus!

(Rezam-se o Pai-nosso, as dez Ave-Marias, o Glória e as invocações que se seguem.)

– Mãe dos que trabalham no campo. **– Rogai por nós!**
– Mãe dos que trabalham na cidade. **– Rogai por nós!**
– Mãe dos que trabalham nas estradas. **– Rogai por nós!**
– Mãe dos que trabalham longe de suas famílias. **– Rogai por nós!**
– Mãe dos que trabalham e são injustiçados. **– Rogai por nós!**
– Mãe dos que trabalham em defesa do bem comum. **– Rogai por nós!**

Ó Mãe dos pobres, Senhora Aparecida, que visitais silenciosamente as favelas, barracos e casebres, vós assentais à mesa com eles e repartis vosso meigo e suave amor, protegei-nos! Amém!

Maria: Mãe consagrada ao serviço no Reino!

2º MISTÉRIO – Bodas de Caná!

– Primeiro sinal de Jesus em Caná da Galileia: a transformação da água em vinho! "Faltando o vinho, a mãe de Jesus lhe disse: 'Eles não têm mais vinho'. Sua mãe disse aos serventes: Fazei tudo o que ele vos disser!" (Jo 2,3-5).

1984 – JOÃO PAULO II CONSAGRA O SANTUÁRIO: *Muitos são os sinais de Deus presentes em nossa vida. Às vezes, nem os percebemos, pois estamos envolvidos em tantas coisas do dia a dia. Sinal bonito e tão visível foi a visita do papa João Paulo II ao Brasil, o primeiro papa a pisar a terra de Santa Cruz. Por todos os lugares por onde passava, a multidão se acotovelava para ver o "João de Deus", como foi chamado. E como não poderia deixar de fazer, veio a Aparecida pedir a bênção e a proteção da Santa Mãe de Deus.*

Foi no dia 4 de julho de 1980 que o vigário de Cristo, o papa João Paulo II, pisou o chão bendito da padroeira do Brasil. Não houve quem não se emocionasse, ao sentir tanta alegria, como se estivesse no céu.

Ele era um sinal que vinha do céu, pois se fez um instrumento da vontade de Deus!

O dia estava muito frio, mas já bem de madrugada a multidão se apertava, cantava, chorava e rezava, pois estava feliz em receber o Homem de Deus.

Foi a Virgem Aparecida que primeiro acolheu aquele que veio em nome de Deus!

Celebrou a Eucaristia e a todos repartiu o Pão da Palavra e o Pão do Altar, e no final da pregação assim falou: *"Como recordação da visita do Papa a este Santuário de Nossa Senhora Aparecida, Padroeira do Brasil, tenho a alegria de proclamar o novo templo, ora consagrado, como Basílica Menor".*

E o povo explodiu numa salva de palmas que ecoou por todos os cantos do nosso Brasil!

Com toda a sua fé e amor a Nossa Senhora, elevou ao céu uma prece, que rezou assim: "Nossa Senhora Aparecida, abençoai este vosso Santuário e os que nele trabalham, abençoai este povo que aqui ora e canta. Abençoai todos os vossos filhos, abençoai o Brasil. Amém!"

O amém, que quer dizer eu creio, saiu com toda a força, não só da boca, mas da alma, do coração!

E assim o Santuário tornou-se consagrado em nome do Senhor. Tornou-se casa santa, onde piso com respeito, com amor no peito e peço a proteção

da Virgem Imaculada, a quem chamo com carinho: Senhora Aparecida!

(Rezam-se o Pai-nosso, as dez Ave-Marias, o Glória e as invocações que se seguem.)

– Virgem Santa e bendita. **– Rogai por nós!**
– Virgem fiel e servidora. **– Rogai por nós!**
– Virgem consoladora dos aflitos. **– Rogai por nós!**
– Virgem amada e fiel. **– Rogai por nós!**
– Virgem do povo de Israel. **– Rogai por nós!**

– Virgem do céu e da terra. **– Rogai por nós!**

Ó Maria, arrancai do meu coração o desejo de poder, de prazer e de querer estar em primeiro lugar e fazei-me progredir no amor de Jesus! Amém!

Maria: Mãe fiel a seu Filho Jesus!
3º MISTÉRIO - Proclamação do Reino de Deus!

– Jesus proclama o Reino e convida à conversão! "Depois que João foi preso, Jesus foi para a Galileia. Lá proclamava o evangelho dizendo: 'Completou-se o tempo... Convertei-vos e credes no Evangelho" (Mc 1,14-15).

2010 – CAPELA DO BATISMO: *A Capela do Batismo foi feita com carinho, pois é ali que renascemos para a vida nova que vem de Deus. E será motivo de alegria quando a criança, um dia, vir no filme ou fotografia o que ali aconteceu. Será grande a recordação do dia em que renasceu. Tem uma fonte grande e bela que jorra sem cessar, pois são assim o amor e a graça de Deus: sem fim, sem cessar. Foi doação de uma família generosa, de origem chinesa, a família Sieh, que por amor e gratidão a Nossa Senhora tudo concedeu. O mais importante de tudo é que ali renasceu e renasce cada filho de Deus. E as portas estão sempre abertas para de novo acolher quem em Deus quiser viver.*

Bendita seja a fonte que jorra sem cessar e dela podemos nos aproximar. É como o amor de Deus, sem fim, sem cessar. Como posso tocar na água da fonte, posso também o amor alcançar, pois é vivendo como filhos verdadeiros que a vida irá triunfar.

No batismo renascemos para a vida nova em Deus, que nos faz todos filhos seus!

Foi no dia 15 de agosto de 2010 que as portas se abriram para acolher os novos filhos de Deus. Quando entramos na Capela, nosso olhar não será em vão. Há beleza e grandeza que tocam o coração. Nas ondas das águas desenhadas, na parede e no chão, vem nos lembrar o banho novo da graça e do perdão. Mas nada é mais sublime que a vida que se fez dom. Nos braços da mamãe ou da madrinha, a criança é quem chama a atenção: todos olham e admiram cada bela criatura que nasceu para esta vida e abraça a outra vida que não mais terá fim.

Vida nova que vem ao mundo é sinal do amor divino que aposta nas criaturas!

Não há como descrever ao ver o mistério acontecer, quando o padre toma a água e a impõe sobre a cabeça: "Eu te batizo, em nome do Pai, do Filho e do Espírito Santo". Quem pode explicar tal docilidade de eternidade? Não é a razão que vai dar a explicação, porque ela é tão pequena diante do mistério inefável que não se pode explicar através das palavras.

Só a fé pode nos dizer que ali de novo nasceu um filho ou uma filha de Deus!

Foi Jesus quem ensinou e mandou que batizassem, e os apóstolos com coragem proclamaram o Reino de Deus, e aqueles que acolheram a mensagem do Evangelho também se fizeram discípulos seus.

Pelo Batismo nos vem a graça da vida nova de Deus, e com Jesus assumimos o anúncio da verdade que nos veio do céu!

(Rezam-se o Pai-nosso, as dez Ave-Marias, o Glória e as invocações que se seguem.)

– Senhora do céu, da terra e da humanidade. **– Rogai por nós!**
– Senhora e discípula do Evangelho. **– Rogai por nós!**
– Senhora do silêncio transformador. **– Rogai por nós!**
– Senhora dos que evangelizam. **– Rogai por nós!**
– Senhora dos missionários do Reino. **– Rogai por nós!**
– Senhora das crianças, dos jovens e das famílias. **– Rogai por nós!**

Ó Maria, Senhora Aparecida, arrancai de dentro de meu peito o orgulho que não me deixa amar e quer ocupar o primeiro lugar. Dai-me um coração humilde e servidor! Amém!

Maria: Mãe intercessora junto de Deus!

4º MISTÉRIO – Transfiguração de Jesus, no monte Tabor!

– "Transfigurou-se diante deles: o seu rosto resplandeceu como o sol" (Mt 17,2).

2004 – NICHO DE NOSSA SENHORA: *Quando entramos no Santuário, nossos olhos logo procuram aquela que é a causa de tudo o que está ao seu redor. Ela não quer coisa material por mais bonita que seja. Ela quer os filhos seus pertinho do seu coração e em nossos ouvidos sussurrar o que nos pede Jesus. É forte o silêncio que tudo nos diz, e só não entende quem não quer mesmo escutar. Lá existe um retábulo que liga a terra com o céu, com três Arcanjos: Rafael, Miguel e Gabriel, que está pertinho de Nossa Senhora, pois foi ele o mensageiro do céu. Ali passamos todos, eu e você, pois não há nada mais sublime e tocante que estar diante da imagem da Mãe de Deus.*

O nicho é feito de ouro, porque Maria é o tesouro que Deus escolheu. Traz a grande pescaria que aconteceu, depois da pesca da imagem, que na rede apareceu. Essa rede quer nos envolver bem junto da Mãe de Deus, é a rede do Reino que nos conduz para dentro do céu.
No coração do peregrino cabe todo o amor de Nossa Senhora, pois ele é o mesmo amor de Deus!

Uma imagem pequenina de 37 cm aos pés de um retábulo de 37 m de altura. A imagem pequenina nos deixa sua mensagem, que vale para a criancinha até o mais ancião, ela atravessa o tempo, a história e o coração: *"Diante de Deus temos de ser humildes e acolher o irmão"*. É o que o faz Nossa Senhora: Ela nos acolhe e nos afaga, nos acalenta e nos alenta no seu colo virginal.

Feliz quem se inspira em Nossa Senhora para viver seu amor a Jesus e seus irmãos!

São muitas as preces de louvor, de amor e gratidão. Os cânticos que reboam bem dentro do Santuário ressoam pelo mundo e chegam até o céu. Os olhos que se extasiam ao contemplar a maravilha como se aqui fosse o céu sabem também entender o silêncio de Maria, que de mãos postas nos suplica: *"Não se esqueça de contemplar o Filho meu!"*

Bendito seja o olhar de Maria que se prende em cada um dos milhões de filhos seus!

(Rezam-se o Pai-nosso, as dez Ave-Marias, o Glória e as invocações que se seguem.)

– Santa Maria, Mãe da humanidade. **– Rogai por nós!**
– Santa Maria, Mãe dos que buscam a paz. **– Rogai por nós!**
– Santa Maria, Mãe dos que são solidários. **– Rogai por nós!**
– Santa Maria, Mãe dos peregrinos. **– Rogai por nós!**
– Santa Maria, Mãe dos Apóstolos. **– Rogai por nós!**
– Santa Maria, Mãe de nossas Comunidades. **– Rogai por nós!**

Ó Mãe de Jesus e Senhora Aparecida, ajudai-nos a tomar a firme decisão de servir a Deus em primeiro lugar, e que estejamos sempre prontos a estender as mãos a quem precisar! Amém!

Maria: Mãe doadora de vida em seu Filho Jesus!

5º MISTÉRIO – Instituição da Eucaristia!

– "Enquanto comiam, ele tomou um pão, recitou a bênção, partiu-o e deu-o aos discípulos, dizendo: Tomai, isto é meu corpo. Depois tomou um cálice, deu graças e passou-o a eles, e todos beberam" (Mc 14,22-23).

2002 – ALTAR CENTRAL: *O altar-mor do Santuário está bem no centro de um quadrilátero, para que todo o mundo tenha igual participação. É de rocha maciça de granito, porque Cristo é a rocha que fundamenta nossa vida. Ele é o sustento do mundo inteiro e de cada um que o tem como irmão verdadeiro. Foi no ano de 2002, no dia 21 de julho, quando D. Aloísio, que era o arcebispo, consagrou-o. E bem no meio dele foi colocado o "Livro dos Devotos", e a cada ano, na festa de Nossa Senhora, outra vez acontece esse gesto de gratidão. Como nas bodas de Caná, Maria deseja e espera que nosso alimento em sua casa seja a Eucaristia. Feliz quem pode aproximar-se desse altar e comungar o Pão da vida.*

Feliz quem pode aproximar-se e dele saciar sua fome de vida. Escutamos felizes o canto que se espalha por dentro do Santuário e que nos convida da missa participar. E uma força invencível, que não dá para conter, leva-nos para mais perto da rocha perene que não se desfaz com o tempo nem com o sabor do vento, pois é o nosso Senhor, que vamos louvar, bendizer, agradecer.

O povo unido na força do amor agradece a Maria nos ter oferecido o Salvador!

Como é belo o momento de poder escutar o que nos diz o Senhor. O leitor se aproxima, abre o livro bendito e sua boca anuncia o que nos fez o Deus de amor. Sua Palavra ninguém pode recusar, pois é uma carta de amor que o Senhor nos escreveu. Vi a mãe ensinando a criança a respeitar, apontando a Palavra que não se pode desprezar.

Feliz quem escuta e vive o que diz a carta de amor que o Senhor nos escreveu!

A Palavra nos leva para mais perto do altar. Transporta o coração e a nossa vida, e com o pão e o vinho são oferecidos como oblação, junto com o Cristo que se fez nosso irmão. Como podemos ainda nos esquecer desse amor que não tem fim? Nada há de mais belo na face da terra que a Eucaristia que eu possa participar e, depois, comungar o Pão da vida, a comunhão.

Quem descobre esse amor sem fim, nunca mais deixa de participar, pois sabe que já nesta vida a Eucaristia é a eternidade que me faz feliz!

(Rezam-se o Pai-nosso, as dez Ave-Marias, o Glória e as invocações que se seguem.)

– Senhora Aparecida, que protegei os peregrinos. – **Rogai por nós!**
– Senhora Aparecida, que nos guardais em vosso amor. – **Rogai por nós!**
– Senhora Aparecida, que nos acolheis em vosso coração. – **Rogai por nós!**

– Senhora Aparecida, que nos ensinais a ser fiel. **– Rogai por nós!**
– Senhora Aparecida, que nos chamais para servir a Deus. **– Rogai por nós!**
– Senhora Aparecida, que nos guiais no caminho de Jesus. **– Rogai por nós!**

Ó Senhora Aparecida, fazei com que nosso coração seja do tamanho do universo, capaz de amar sem esperar nada em troca. Dai-nos um coração brando, simples, humilde e carregado de ternura e cheio de amor a Jesus e ao seu Evangelho! Amém!

Ladainha de Nossa Senhora

– Senhor, tende piedade de nós. – **Senhor, tende piedade de nós.**
– Jesus Cristo, tende piedade de nós. – **Jesus Cristo, tende piedade de nós.**
– Jesus Cristo, ouvi-nos. – **Jesus Cristo, ouvi-nos.**
– Jesus Cristo, atendei-nos. – **Jesus Cristo, atendei-nos.**
– Deus, Pai do Céu. – **Tende piedade de nós.**

– Deus Filho, Redentor do mundo. – **Tende piedade de nós.**
– Deus, Espírito Santo. – **Tende piedade de nós.**
– Santíssima Trindade, que sois um só Deus. – **Tende piedade de nós.**
Santa Maria. **– Rogai por nós.**
Santa Mãe de Deus. **– Rogai por nós.**
Santa Virgem das Virgens. **– Rogai por nós.**
Mãe de Jesus Cristo. **– Rogai por nós.**
Mãe da Divina Graça. **– Rogai por nós.**
Mãe Puríssima. **– Rogai por nós.**
Mãe Castíssima. **– Rogai por nós.**
Mãe Imaculada. **– Rogai por nós.**
Mãe Intacta. **– Rogai por nós.**
Mãe Amável. **– Rogai por nós.**
Mãe Admirável. **– Rogai por nós.**
Mãe do Bom Conselho. **– Rogai por nós.**
Mãe do Criador. **– Rogai por nós.**
Mãe do Salvador. **– Rogai por nós.**
Mãe da Igreja. **– Rogai por nós.**

Virgem Prudentíssima. **– Rogai por nós.**
Virgem Venerável. **– Rogai por nós.**
Virgem Louvável. **– Rogai por nós.**
Virgem Poderosa. **– Rogai por nós.**
Virgem Benigna. **– Rogai por nós.**
Virgem Fiel. **– Rogai por nós.**
Espelho de Justiça. **– Rogai por nós.**
Sede da Sabedoria. **– Rogai por nós.**
Causa de nossa alegria. **– Rogai por nós.**
Vaso Espiritual. **– Rogai por nós.**
Vaso Honorífico. **– Rogai por nós.**
Vaso Insigne de Devoção. **– Rogai por nós.**
Rosa Mística. **– Rogai por nós.**
Torre de Davi. **– Rogai por nós.**
Torre de Marfim. **– Rogai por nós.**
Casa de Ouro. **– Rogai por nós.**
Arca da Aliança. **– Rogai por nós.**
Porta do Céu. **– Rogai por nós.**
Estrela da Manhã. **– Rogai por nós.**
Saúde dos Enfermos. **– Rogai por nós.**
Refúgio dos Pecadores. **– Rogai por nós.**
Consolação dos Aflitos. **– Rogai por nós.**
Auxílio dos Cristãos. **– Rogai por nós.**
Rainha dos Anjos. **– Rogai por nós.**
Rainha dos Patriarcas. **– Rogai por nós.**
Rainha dos Profetas. **– Rogai por nós.**
Rainha dos Apóstolos. **– Rogai por nós.**
Rainha dos Mártires. **– Rogai por nós.**
Rainha dos Confessores. **– Rogai por nós.**
Rainha das Virgens. **– Rogai por nós.**
Rainha de Todos os Santos. **– Rogai por nós.**

Rainha concebida sem pecado original. **– Rogai por nós.**
Rainha Assunta ao Céu. **– Rogai por nós.**
Rainha do Sacratíssimo Santo Rosário. **– Rogai por nós.**
Rainha da Paz. **– Rogai por nós.**
– Cordeiro de Deus, que tirais os pecados do mundo.
– Perdoai-nos, Senhor.
– Cordeiro de Deus, que tirais os pecados do mundo.
– Ouvi-nos, Senhor.
– Cordeiro de Deus, que tirais os pecados do mundo.
– Tende piedade de nós.
– Rogai por nós, Santa Mãe de Deus. – **Para que sejamos dignos das promessas de Cristo.**

OREMOS: Concedei a vossos servos, nós vos pedimos, Senhor nosso Deus, que gozemos sempre da saúde da alma e do corpo e, pela gloriosa intercessão da bem-aventurada Virgem Maria, sejamos livres da tristeza presente e alcancemos a eterna glória. Por Cristo, nosso Senhor. **Amém.**

Consagração a Nossa Senhora da Conceição Aparecida

Ó Maria Santíssima, pelos méritos de Nosso Senhor Jesus Cristo,
em vossa querida imagem de Aparecida,
espalhais inúmeros benefícios
sobre todo o Brasil.
Eu, embora indigno de pertencer
ao número de vossos filhos e filhas,
mas cheio do desejo de participar
dos benefícios de vossa misericórdia,
prostrado a vossos pés:
consagro-vos o meu entendimento,
para que sempre pense no amor
que mereceis;
consagro-vos a minha língua,
para que sempre vos louve
e propague a vossa devoção;
consagro-vos o meu coração,
para que, depois de Deus,
vos ame sobre todas as coisas.
Recebei-me, ó Rainha incomparável,
vós que o Cristo crucificado deu-nos por Mãe,
no ditoso número de vossos filhos e filhas;
acolhei-me debaixo de vossa proteção;
socorrei-me em todas
as minhas necessidades, espirituais e temporais,
sobretudo na hora de minha morte.
Abençoai-me, ó celestial cooperadora,
e, com vossa poderosa intercessão,
fortalecei-me em minha fraqueza,
a fim de que, servindo-vos fielmente nesta vida,
possa louvar-vos, amar-vos e dar-vos graças no céu,
por toda a eternidade.
Assim seja!

Índice

**Caminhando com Maria na história
de seu amor materno** 5
Como rezar o Terço 7
Profissão de Fé – Credo 7
Oração inicial 8
Oração final 8
Salve-Rainha 9
Átrio dos Apóstolos 11

Mistérios da Alegria 13

MARIA: OLHAR HUMILDE! MULHER
SIMPLES, ESCRAVA DO SENHOR!
   1º mistério – Anunciação do Anjo a Maria! 15

MARIA: OLHAR QUE ILUMINA! LUZ DO CÉU!
   2º mistério – Visita de Maria a Isabel! 19

MARIA: OLHAR QUE LIBERTA! MULHER LIBERTADORA!
   3º mistério – Nascimento de Jesus! 21

MARIA: OLHAR QUE DESPERTA! SANTA DE DEUS!
   4º mistério – Apresentação de Jesus! 23

MARIA: OLHAR QUE TRANSFORMA!
MULHER TRANSFORMADORA!
   5º mistério – Encontro de Jesus no templo! 25

Mistérios da Paixão 27

MARIA: MÃE SEMPRE PRESENTE!
   1º mistério – Agonia de Jesus!................................ 29

MARIA: SINAL DO COMPROMISSO COM O REINO!
   2º mistério – Jesus é flagelado, macerado! 31

MARIA: MULHER CONSAGRADA AO SENHOR!
   3º mistério – Coroa de espinhos! 35

MARIA: CATEDRAL DA VIDA E DO AMOR!
   4º mistério – Jesus a caminho do calvário! 39

MARIA: MISSIONÁRIA E DISCÍPULA DE CRISTO!
   5º mistério – Morte de Jesus na cruz! 41

Mistérios da Glória 45

MARIA: MÃE DO POVO DE DEUS!
   1º mistério – Ressurreição de Jesus! 47

MARIA: SENHORA DO REINO E DA VIDA!
   2º mistério – Ascensão de Jesus!............................. 49

MARIA: MULHER SANTA E FIEL!
   3º mistério – Vinda do Espírito Santo! 53

MARIA: SEMPRE PRONTA PARA AMAR!
   4º mistério – Assunção de Nossa Senhora! 55

MARIA: SENHORA DOS PEQUENOS E HUMILDES!
   5º mistério – Coroação de Nossa Senhora! 57

Mistérios da Luz 59

MARIA: MÃE DE CRISTO E DA IGREJA!
1º mistério – Batismo de Jesus! 61

MARIA: MÃE CONSAGRADA AO SERVIÇO NO REINO!
2º mistério – Bodas de Caná! 63

MARIA: MÃE FIEL A SEU FILHO JESUS!
3º mistério – Proclamação do Reino de Deus! 67

MARIA: MÃE INTERCESSORA JUNTO DE DEUS!
4º mistério – Transfiguração de Jesus,
no monte Tabor! 71

MARIA: MÃE DOADORA DE VIDA EM SEU FILHO JESUS!
5º mistério – Instituição da Eucaristia! 75

Ladainha de Nossa Senhora 79
**Consagração a Nossa Senhora
da Conceição Aparecida** 83

Este livro foi composto com as famílias tipográficas Calibri, Caneletter, Carolina e Gillsans e impresso em papel Offset 70g/m² pela **Gráfica Santuário.**